Pfiffiges und allzu Pfiff

Markus Deutsch

Pfiffiges und allzu Pfiff

Markus Deutsch

Deutsche Erstausgabe
© 2016 Markus Deutsch
c/o Papyrus Autoren-Club
Pettenkoferstr. 16-18
10247 Berlin

Korrektorat, Lektorat, Layout: Lektor-hoch-drei, Ludwigsburg
www.lektor-hoch-drei.de
Bildmaterial: © http://www.freepik.com
Herstellung und Verlag: BoD – Books on Demand, Norderstedt

ISBN: 978-3-741-28847-0

Das Werk, einschließlich seiner Teile, ist urheberrechtlich geschützt.
Jede Verwertung ist ohne Zustimmung des Verlages und des Autors
unzulässig. Dies gilt insbesondere für die elektronische oder sonstige
Vervielfältigung, Übersetzung, Verbreitung und öffentliche
Zugänglichmachung.

Bibliografische Information der Deutschen Nationalbibliothek:
Die Deutsche Nationalbibliothek verzeichnet diese Publikation in
der Deutschen Nationalbibliografie; detaillierte bibliografische Daten
sind im Internet über http://dnb.dnb.de abrufbar

Widmung

Für meine Familie, die in stürmischen und allzu stürmischen Zeiten immer zu mir gehalten hat.

Danke!

Inhalt

Zum Geleit · S. 9

Früheres

Nur ein Pfiff · S. 13
(1995)
Großstadt · S. 14
(1980)
Mein Lächeln · S. 15
(1985)
Nacht · S. 18
(1982)
Ein Kind erschrecken · S. 19
(1983)
Der Sarkophag · S. 21
(1985)
Fasching · S. 22
(1983)
Im Wald · S. 23
(1985)
Joghurt · S. 24
(1983)

Späteres

Obszöne Entblößung · S. 27
(2010)
Die Bank · S. 28
(2011)
Muttertag aus Vatersicht · S. 29
(2011)
Die Maus · S. 30
(2012)
Oder sonst was · S. 31
(2011)
Ein Weihnachtsgedicht · S. 32
(2010)

Der kleine Spucknick (2010)	S. 33
Morgen (2012)	S. 36
Sprechtechnology (2012)	S. 37
Sommerapokalypse (2012)	S. 38
Ostern (2012)	S. 39
Sehnsuchtfernemüll (2012)	S. 40
Gisela (2012)	S. 41
Ein Märchen, sicher nicht von irgendeinem Grimm irgendwo aufgelesen (2012)	S. 42
Der kleine, grüne Punkt (2012)	S. 44
Jetzt aber (2012)	S. 45
Der Föhn (2012)	S. 46
Mamabild (2012)	S. 47
Urlaubssymphonie (2012)	S. 48
Gedicht mit einem Titel am Fußende (2012)	S. 49
Sommersprossenwand (2013)	S. 51
Kawuff-flori-an (2912)	S. 52
Weihnachten im Plusquamperfekt (2013)	S. 53
Liebes Gedicht (2013)	S. 55

Zum Geleit

Ein Grußwort

... oder warum Worte immer wieder den Weg zum Papier finden,

... oder eine Hommage an wen auch immer,

... oder die Einführung in etwas, aus dem es keinen Ausweg gibt,

... oder einfach nur ein paar wohlgesetzte Worte mit viel Sinn, aber ohne Verstand.

Mein Grußwort

... leider grußlos,

... leider wortlos,

... kommt nicht von Nietzsche oder Dietmar Dath, nicht von Helge Schneider oder Chlodwig Poth,

aber umso mehr von Herzen:

Grüß Gott!

Früheres

Nur ein Pfiff

Es sagte die Pfiffin zum Pfiff:
»Lass uns fahren mit einem Schiff.«

Da sagte der Pfiff zur Pfiffin:
»Wir fahr'n mit dem Schiff irgendwo hin.«

Drauf kenterte draußen am Riff
Ein irgendwohin fahrendes Schiff.

Man hörte nur
Einen leisen Pfiff.

Großstadt

Ich stehe tief im Wellental
Und über meinem Kopf
Schlagen die Wellen laut zusammen.
Es ist ein furchtbar' Ton.

Geräusche, die von Autos kommen,
Von Menschen viel an Zahl,
Die lassen grausam fühlen mich
Wie in der tosend' See.

Was mag wohl in den vielen Menschen
In ihrem Innern sein?
Sie sind doch Menschen in der Masse,
Sie sind doch lebend' Fleisch.

Zusammen sind sie wie ein Stein,
Der schwer auf meinem Rücken liegt
Und mir die ganze Luft wegnimmt,
Als müsst' ich jetzt gleich sterben.

Der Mensch allein hat doch Gefühl,
Er lebt wie du und ich.
Drum lass uns Menschen menschlich sein
Und uns einander lieben.

Nach einem Aufenthalt in Berlin

Mein Lächeln

Ich weiß nicht mehr, wie alt ich war, aber ich muss so ungefähr zehn Jahre alt gewesen sein, denn ich besuchte schon die Schule, als mich das Lächeln ereilte. Es ereignete sich während einer Schulstunde, dass ich plötzlich zu lächeln begann. Urplötzlich stand es in meinem Gesicht und ich muss sagen: Am Anfang war ich gar nicht entzückt davon, denn die erste Wirkung, die es erzielte, bestand aus einer Ohrfeige von meiner Lehrerin. Da das Lächeln aber nicht im Geringsten daran dachte, deswegen aus meinem Gesicht zu verschwinden, wurde ich nach Hause geschickt. Von da an begann ich, mein Lächeln zu mögen.

Ich erinnere mich an eine kleine Episode, derentwegen ich ihm sehr nahe kam: Auf der Straße sah ich drei junge Männer, ihre Knie befanden sich ungefähr in der Höhe meiner Brust, die sich – je eine Bierflasche in der Hand – furchtbar stritten. Als sie mein Lächeln sahen, starrten sie mich erstaunt an, hörten augenblicklich auf zu streiten und begannen stattdessen, mich anzuschreien. Zum Schluss hieben sie sogar mit ihren Bierflaschen auf mich ein, sodass ich blutüberströmt nach Hause kam. Mein Lächeln aber hatte standgehalten und darauf war ich mächtig stolz.

Nachdem man mich von der Schule geworfen hatte – mein Lächeln hatte auch das unbeeindruckt gelassen –, kam ich in eine andere Schule. Dort lebte ich unter sehr interessanten Kindern, die teilweise auch ein Lächeln besaßen. Aber keines war so schön wie meines. Als ich dreizehn Jahre alt war, begann ich – was wahrscheinlich auch an meiner Pubertät lag – mein Lächeln zu lieben. Ja, ich glaubte sogar, nicht mehr ohne es leben zu können. Wenn ich im Sommer im Wald oder am Fluss saß und niemand mich sah, da setzte es sich neben mich und wir drückten uns fest die Hand. Und alles, was uns der Fluss erzählte, von den Wiesen, den Steinen, dem Schnee und den Fischen, von den Menschen am Mühlrad und den Gräsern im Wind, von den Ratten und Fröschen, von dem Singen der Wäscherinnen und dem Spiegeln der Sonne, den zahllosen Gesichtern und dem plappernden Quell – all das war unser Geheimnis. Wenn ich es nicht mehr aushielt vor Liebe zu meinem Lächeln, dann ging ich zu dem kleinen, aufgestauten See und schaute hinein und küsste es, so lange ich wollte. So herrschte wahre Eintracht zwischen mir und meinem Lächeln.

Inzwischen war ich schon fünfzehn Jahre alt geworden – ich erinnere mich noch genau –, da kam ein Mann in mein Zimmer, mit einer weißen Kutte und einer Spritze in der Hand. Ich schrie, biss ihm in den Arm, trat ihn gegen das Schienbein und kämpfte wie eine Hyäne. Aber es half nichts.

Als ich wieder erwachte, war alles grau um mich herum: die Menschen, die Tiere, die Autos, die Häuser, die Kamine, die Geschäftsstraßen und auch die Bäume. Traurig blickte ich in einen Spiegel und sah, was ich schon geahnt hatte: Mein Lächeln war verschwunden. Tränen traten aus meinen Augen. Nur noch mühsam konnte ich mich auf meinen Beinen halten.

Nachdem ich meinen ersten Schock überwunden hatte, begann ich, mein Lächeln zu suchen. Überall suchte ich: auf Promenaden, in Gassen, in Bungalows und Wellblechhütten, in Menschen jeder Hautfarbe und jeden Glaubens, in Erwachsenen und in Kindern, doch immer kam mir nur eine Abneigung gegen mein Lächeln entgegen, nirgends war es aufgenommen worden.

Nichts habe ich unversucht gelassen, aber finden konnte ich mein Lächeln bis heute nicht mehr.

Nacht

Ein Mensch steht auf – es ist Nacht.
Der Mensch sucht den Weg – doch es ist Nacht.
Der Mensch fällt hin – doch es ist Nacht.
Der Mensch stirbt – es ist Nacht.

Da steht die Nacht auf und schreit –
    Doch niemand hört sie.
Da klagt sie die Menschen an –
    Doch niemand versteht sie.
Da weint sie um die Menschen –
    Doch die Menschen sind nicht da.
Nur der eine Mensch ist da ...

Aber der ist tot!

Ein Kind erschrecken

Wie Tränen tropft es aus meinem Haar.
Nach und nach saugt meine Jacke jede dieser Tränen auf.
Der Wind schlägt immer härter auf meine Ohren.
Hier stehe ich an der Felsenklippe
Und lange wird es nicht mehr dauern,
Dann stürze ich hinab.
Und niemanden, aber auch wirklich niemanden, wird es kümmern.
Mein Körper wird an der zementartigen Oberfläche
Des Wassers zerschellen
Und der Ton, der beim Aufschlagen entsteht,
Wird untergehen im Geräusch der schäumenden Gischt.
Ich werde auch nicht schreien, nein,
Denn niemand wird es hören.
Eine Träne wird in meinem Gesicht zurückbleiben,
Doch niemand wird wissen,
Ob es nicht nur ein Regentropfen aus meinem Haar gewesen ist.

Bevor ich hinabstürze, werde ich meine Kutte
ablegen,
Damit man sie weiterverwenden kann.
Nie werde ich den kennenlernen,
Der sie nach mir tragen wird,
Jedoch – ich bete für ihn und hoffe,
Er wird mehr Leben darin verbringen als neunzehn
Jahre.
Vielleicht werden Teile meines zerschmetterten
Leibes
Mit der Flut an den Strand gespült.
Vielleicht wird ein kleines Kind diesen grausamen
Fund machen
Und vielleicht wird es sich erschrecken.

Ich werde mich jetzt umdrehen
Und zurück in mein Kloster inmitten der Menschen
gehen,
Denn kleine Kinder erschrecken –
Das liegt mir nicht.

Der Sarkophag

Den Sarkophag halb geöffnet
Stehe ich an der Tür
Und weine.

Nebenan
Das Begräbnis der Liebe.

Fasching

Brennend heiß glitzerndes Eis,
Feuer und Lachen schreiende Menschen.

Ruhig fahre ich heim,
Noch lange tosen die Wogen.

Im Wald

Gnadenlos feuchtes Moos;

Schmerzen, die brennen wie Kerzen.

Ein Platz im Wald, der heilt;

Feuer, das kühlt meine Wunden.

Joghurt

Guten Tag, Joghurt. Ich weiß ja, dass du nicht mit mir reden kannst. Aber trotzdem unterhalte ich mich immer mit meinem Joghurt, bevor ich ihm den Garaus mache.

Vor kurzem habe ich mich auch mit einer Tomate unterhalten, aber sie hat mich danach beim Verspeisen so vollgespritzt, dass ich das nicht mehr tun werde.

Dich aber esse ich mit dem Löffel. Tomaten kann man nicht mit dem Löffel essen.

Zeig mal, woher du kommst.

Aus Holland: Ilhh, ein Ausländer! Ausländer esse ich eigentlich gar nicht so gern, obwohl mein Papi immer sagt: Ausländer müssen weg. Aber Kiwi/Mango-Ausländer?

So, ich glaube, ich fange jetzt an. Genug geplaudert. Oder soll ich dir noch die Geschichte von dem Blutorange-Joghurt erzählen, das mir beim Essen in den Sandkasten gefallen ist?«

Mit einem Mal öffnet das Joghurt seinen riesigen Schlund und frisst das Mädchen mit Haut und Haaren auf.

Späteres

Obszöne Entblößung

Fatal: Bäume entblättern sich.
In obskuren Wellen wiegen und biegen sie sich –
liegen sich in den Armen;
Gierig grinsen die geilen Gesichter durch den
fahlen Wald.
Sonnenstrahlen schreien spitz – einsam durch
den Dunst,
Kunstvoll und bunt gekleidet – die schlanken
Komödianten, erwartungsvoll mit empor
gereckten Armen,
Nur um dreist und ordinär Kleidungsstück um
Kleidungsstück nach wildem Wogen abzuwerfen.
Nackt und bloß, erschöpft nach wildem Tanz
stehen sie traurig auf der braun gefärbten
Bühne.
Liebevoll reicht ihnen ein Herr namens W. den
weichen, weißen Bademantel.

Die Bank

Der dunkle Asphalt klaffte auseinander und heraus trat ein grässliches Wesen. Es dampfte und roch nach Schwefel. Zuerst sah man seine roten Hörner, dann seine gebückte Figur und sein linkes Bein, das dem eines Pferdes glich. Hinter sich her schwang sich ein buschiger Schweif. In der Hand hielt es einen Stab, an dem sich oben drei Zacken zeigten.

Als es herausgetreten war, schloss sich die Lücke im Asphalt wieder unauffällig.

Beim Laufen verkleinerten sich die Hörner immer mehr. Auch der Schweif zog sich zusammen und die Beine glichen sich einander an. Dafür trug das Wesen jetzt einen dunklen Anzug und eine adrette Krawatte. In der Hand hielt es einen metallischen Aktenkoffer. Zielstrebig lief es auf das Gebäude zu, das sich als Bank entpuppte, und kurz darauf saß es dort an seinem Arbeitsplatz.

2011 – rechtzeitig zur Bankenkrise

Muttertag aus Vatersicht

Du lernst sie,
Schreibst ihnen gute Noten,
Vervesperst sie
Und trocknest sie aus – ihre Tränenmär.

Wenn du die Decke deckst
Und auch den Atem atmest,
Da herzschlägt ihre Sänfte
Und die schlafende Wimper schmetterlingt ins
Träumeland.

Du vorliest Buch um Buch
Und sie verschlafen den Schlaf.
Die ruhigen Züge ziehen
Ausgelichtet tief im Seitenreich.

Geliebt
Geliebt
Geliebt
Geliebt
Geliebt

Die aber, ach, und auch die Sonne,
Sie liegen einsam Stein um Stein,
Wo Tannenzapfen friedvoll hoppeln,
Da palmenwellend sonnenliegt

Der Abend, kältewärmt
Im Ofen jäh sein End.
Die Liebe sanftet sich,
Wo drinnen Feuer züngelt – aus!

Die Maus

Mitten in der Nacht wachte die Maus auf. Sie spürte ganz deutlich auf ihrem Rücken, dass ihr Flügel gewachsen waren. Was war das, sie war doch keine Fledermaus? Vorsichtig bewegte sie die Flügel immer und immer wieder und tatsächlich hob sie ein Stück vom Boden ab.

Jetzt konnte sie jederzeit der Katze davonfliegen. Eilig schlüpfte sie aus dem Loch und suchte ihre Feindin. Tatsächlich fand sie die Katze in der Nähe ihres Katzenklos. Diese kniff beim Anblick des Mäuschens die Augen zusammen. Ihre Nackenhaare stellten sich auf – sprungbereit ihr angespannter Körper.

Sie schnellte los und das Mäuschen schwang die Flügel. Drei, vier Flügelschläge später war es schon an der Zimmerdecke angekommen. Die Katze blickte ihm nur dumm glotzend hinterher. Das Mäuschen flog immer weiter. Aus dem Haus, über die Wiese. Die Menschen unter ihr sahen immer kleiner aus.

»So werde ich jederzeit der Katze davon fliegen können. Nie mehr wird sie mich erreichen. Ich bin die Größte!«

Leider blickte sie im richtigen Moment nicht nach hinten. Denn von da kam ein Mäusebussard und fraß sie mit einem einzigen Happs auf.

Oder sonst was

Eine neue Geschichte oder zumindest der
Anfang davon oder aber von einer Ballade oder
sonst was:

Die Schildkröte ejakulierte in den dafür
vorgesehenen Aschenbecher,
Der Kuckuck sonnte sich auf der von ihm
verklebten Tür.
Hundekot roch nicht gerade nach Lavendel,
Aber munter spielten die Kinder im Pool.

Die Sonne rotzte die letzten Gewürzsträußchen
Auf die bunte Wiese,
Derweil in verrauchten, dunklen Ornamenten
Sonnenflocken einen Kasatschok unter den
Teppich kehrten.

Wie sollte eine Geschichte sich so bedauern,
Wie jemals aus den Zeltnägeln aufersteh'n,
Wenn Dunkelstrahlen auf den Dächern tanzen
Und ein Regisseur einsam erigiert regiert?

Ein Weihnachtsgedicht

Eine Flasche Mineralwasser
Rülpste laut und klar
Am ersten Weihnachtsfeiertag.

Das Joghurt war über und über
Mit Joghurt beschmiert,
Derweil sich das Frühstücksei
Selbst den Kopf abgehackt hatte.

Ein Tag wie jeder andere – oder?

Der kleine Spucknick

Nick war wirklich sehr klein. Selbst den Kleinsten in seiner Klasse reichte er nur bis zum Kinn. Daher hänselten ihn seine Schulkameraden fast jeden Tag. »Minni Pimmi« oder »Zwergi Pergi« nannten sie ihn. Manchmal gab es auch eine Schlägerei, bei der er immer den Kürzeren zog.

Da spuckte er eines Tages einem Kerl, der fast zwei Köpfe größer war als er und ihn gerade treten wollte, mitten ins Gesicht. Zack, das saß! Der große Junge war so verdutzt, dass Nick verschwunden war, ehe er reagieren konnte. Von diesem Zeitpunkt an übte Nick das Spucken jeden Tag. Er traf nach und nach über mehrere Schulbänke hinweg zielgenau auf das Heft der Jungs, die ihn ärgerten – und die hatten nun ein Problem mit ihrem verschmierten Heft. So verging den meisten Schulkameraden der Spaß daran, Nick zu ärgern.

Eines Tages wollte Nick gerade wieder in die erste Reihe auf das Heft von Kurt spucken, da musste er niesen und seine Spucke landete direkt im Heft des Lehrers, der gerade beim Aufschreiben der Noten war. Man konnte fast nichts mehr lesen. Jetzt war Nick fällig. Sofort musste er zum Rektor.

Nick hatte Angst, als er so alleine und verloren vor der Tür stand. Er klopfte, trat ein und erzählte dem Rektor die ganze Geschichte. Aber der schrie gar nicht, sondern überlegte lange. Dann sagte er: »Ich habe schon von deinen Künsten gehört, kannst du auch mit Kirschkernen spucken?« Nick hatte das noch nicht probiert, aber als er eine Kirsche vom Rektor erhielt, versuchte er es sofort und traf aus dem Fenster hinaus über die Straße mitten auf eine Katze, die auf der anderen Seite saß. »Außergewöhnlich«, murmelte der Rektor, der schon ganz vergessen hatte, eine Strafe zu verhängen. »Komm morgen noch einmal vorbei.«

Am anderen Tag hatte der Rektor eine Zeitung dabei, da war ein Wettbewerb im Kirschkern-Weit-, -Kunst- und -Zielspucken ausgeschrieben. Von da an trainierte der Rektor mit Nick.

Natürlich gewann Nick alle Disziplinen und kurz darauf verließ er die Schule, denn dafür hatte er keine Zeit mehr. Er war jetzt eine Berühmtheit und musste von Fernsehauftritt zu Wettbewerb reisen. Inzwischen konnte er schon Loopings mit drei Kirschkernen gleichzeitig spucken und wurde immer bekannter auf der ganzen Welt. Auch das Militär war aufmerksam auf ihn geworden und er unterrichtete die Soldaten, wie man Kirschkerne spuckend im Nahkampf einsetzen konnte. Seit der Zeit trägt jeder Soldat ein Päckchen Kirschkerne als ganz besondere Waffe bei sich.

Mit der Zeit kam allerdings das Kirschkernspucken wieder aus der Mode und der kleine Nick bekam immer weniger Angebote aufzutreten. Bald konnte er von seiner Kunst nicht mehr leben. Er suchte nach Arbeit, aber es gab keine Arbeit für Kirschkernspucker. Selbst im großen oder mittelgroßen Zirkus war kein Platz mehr für ihn. Seine Kunststücke hatte ja jeder schon im Fernsehen gesehen. So ging er zu einem kleinen Zirkus und musste da neben seiner Nummer auch noch die Tiere versorgen. So lebte der kleine Nick bis an sein Lebensende.

Morgen

In den Morgen hinein sich rötend,
Erwachen und in den Schlaf sich sehnend,

Das Körnchen Sand,
Ein Strand,

Nach der untersten Ecke der Decke sich
dehnend.

Sprachtechnology

Wie sie auf mir lastet,
Den Anus mir abtastet:

Run for your ... – was'n Scheiß!

Pochende Unruhe
Auf schepperndem Eis:

Go for ... – was'n Scheiß!

Saltimboca für 24 Euro,
Falafel für 2 Euro 40:

... Was'n Scheiß!

Sommerapokalypse

Sandmännchend
Im Sonnenschein,
Tönerne Scherben
In Scheiben geschnitten.

Auf blutigen Spuren:
Der Sahnespender
In Suppenschüsseln
Sich sonnend.

Sommerapokalypse!

Ostern

Wie kann eine verthermomixte Generation
Karottencremesoldaten an die Wand nageln?

Frascati-Sterne ängstlich von Dornen beäugt,
Sarotti-Möhren langohrend in tönernen Öfen
verschmolzen.

Der Aufschrei einer seifenblasenden Billigoper,
Die blütenüberströmt im sumpfdurchtränkten
Jogginganzug
Einer agonierenden Nation Halleluja jodelt.

Sehnsuchtfernemüll

Unendlich deckenfensternd
Im Abendsonnenmeer
Sommersand veratmend
In der vor sich hin rotzenden Wellenschar.

Drinnend, draußend, trennend.

Sich umbrafarben vorhängend
In tonnenschweren Zementorchideen erhängt.

Wie kann ein fröhlicher Furz
Sich urlaubend in solch' Regenmüll ertränken?

2012 – zu Bild von Salvador Dali: Junges Mädchen, am Fenster stehend / Muchacha en la ventana, 1925

Gisela

Das Brot mit dem Reißverschluss –
Keine Ahnung, was das is'.

Scheiß Schneckenschamhaar
Am nördlichen Wendekreis des Zuckerstreuers.

Lügen erzählende Wandersocken.

Hilf mir, Gisela,
Und schnür' mir meine Schuh!
Versink mit deinen Brüsten
Im Schmodder meiner Föhnfrisur.

Ein Märchen, sicher nicht von irgendeinem Grimm irgendwo aufgelesen

Es war einmal vor langer, langer Zeit. Die Menschen waren gerade einmal aus ihren Eiern geschlüpft und die Tiere hatten das Sprechen aufgegeben. Da wandelte Gott selbst über die Erde und besah sich seine Schöpfung.

»Super gemacht«, dachte er, »doch irgendetwas fehlt. Den Menschen ist doch langweilig.«

Da kam er auf eine gute Idee und erfand das Böse. Er packte es in eine Stiefmutter und eine Hexe, setzte die beiden in eine Burg und wartete ab.

Lange Jahre passierte nichts. Doch da verirrte sich eines Tages ein Mädchen in einem Nachthemd zu der Burg. Warum das Mädchen gerade ein Nachthemd trug, weiß ich auch nicht. Aber in Märchen ist das oft so: Sterntaler, Schneewittchen ...

Sie kam auf die Burg, als sich die Hexe und die böse Stiefmutter gerade wieder mächtig anbrüllten und mit unfertigem Brotteig bewarfen.

»Kann ich bei euch unterkommen?«, fragte das Mädchen. Verdutzt sahen sich die beiden in die Jahre gekommenen Kontrahentinnen an.

»Au prima, dann kannst du hier putzen, spülen, waschen, kochen ...« – »Ja, ja und aufräumen, bügeln ...« — *Bügeln passt nicht.*

Kurz gesagt, das Mädchen blieb und schuftete Tag um Tag. Aber das war besser als das, was es hinter sich hatte. Und das war so: Das Mädchen war eine Prinzessin, hübsch von Antlitz und unendlich reich. Und so kam es, dass Tag um Tag Heerscharen von Prinzen ihr Schloss umlagerten, alle Felder und Gärten zertrampelten und tonnenweise Zivilisationsmüll hinterließen. Bald war ihr ganzer Reichtum aufgebraucht, da sie aufgrund der herumlungernden Prinzen auch keinen Handel mehr treiben konnte. Ja, selbst die Wälder waren inzwischen restlos abgeholzt – für die Herstellung von Hellebarden, Schwertern und Schilden zur Belustigung der Prinzen.

Da war ihre Geduld restlos aufgebraucht und sie beschloss mitten in der Nacht – daher das Nachthemd – davonzulaufen.

Tja, und nun dachte sie: immer noch besser, von morgens bis abends bei missmutigen Schrullen zu schuften als Zivilisationsmüll produzierende Prinzen auszuhalten, die einen bei jedem Schritt angaffen.

Als Gott dies sah, freute er sich für das Mädchen und war froh, das Böse erschaffen zu haben.

Die Drei-Frauen-WG lebte indes fröhlich Tag um Tag und wenn die Drei nicht gestorben sind, dann tanzen sie inzwischen sicher samstags in der Russendisko.

Der kleine, grüne Punkt

Es war so ein kleiner, grüner Punkt

Und ich sah ihn verdattert an,

So klein und so grün.

Wow, ich schlug mit den Augen mein Innerstes an!

Die Welt ist so grün und so blau,

Wie weit und doch immer so lau,

Kürbiskernölend ergebe ich mich

Dem oberburgenländisch versoffenen Rot.

Danke!

Jetzt aber

»Jetzt aber!«,
Sagen sie alle,
Dabei wollen sie alle,
Ja, das wollen sie,
Nichts als einen Eimer voll Dreck.
Sex wollen sie,
Aber niemals den Dieweltrettenansatz.
Schade,
Dass sie noch leben –
Agieren, wo Tote scheißen
Und doch leben sie irgendwohin.
Dadadeihindaaaaheidn.

Der Föhn

Wir verföhnen unsere Glieder aus Glas,
Zersplitternd unter Terrakottaeis.

Wir spielen einsam Tamburin,
Wo die Pest ihre Opfer zerbeißt.

Wir vielfliegen über Zuckerwattebergen,
Verdattert an Dottern nagend.

Wir singen das Lied der Idioten,
Wo der Hut einen Schädel abreißt.

Mamabild

Du aufbaust uns –

Himmelverwolkend,

Gibst sonnenstrahlend –

Himmelfrei.

Urlaubssymphonie

Wellenreitende Pinguinkolonien
Verkleben den aufgeschäumten Cappuccino-
Horizont.

Die vereinsamte Pinienkerntombola
Zieht sich selbst durch den Sand.

Hämorrhoidenbehaftete Poolnudelentsafter
Ziehen lamentierend durch die
Bananenschokolade.

Verfreue mich bitte langeweilend
Unter der Büchergrasnarbe der ungeborenen
Verwahrlosung.

Gedicht mit *Titel am Fußende*

Warum auch immer – vielleicht zum Zweitlesen geeignet …

Der Tropfen an der Fensterscheibe
Wie an frisch gewaschenem Gemüse;

Die tumbe Nacht erfriert
Rhythmisch zum zuckenden Grün;

Der Jemand, der sich ohne Gestalt
Auf Dich setzt und niederdrückt;

Die niemals gezählten Stecknadelköpfe
Über Dir und unter Dir;

Der Fetzen eines Leichentuchs,
gespenstisch tropfend angestrahlt;

Drinnen: Endlose Reihen toter Idiotenköpfe,
Draußen: Kohleverfärbte Unendlichkeit;

Lächerlich dahinwaberndes Gelabere,
Tanzende Gänse in flammendem Rot.
Ein Jahr vergeht, vielleicht auch zwei –
Der Leichenwagen wird vorbeigeschoben,

Vom Müll entleert,
Unsanft verstoßen
Zurück in die Stampede der keuchend ins
neonbeleuchtete Nichts rennenden
Büffelmozzarellaherde.

Titel: Ein Flug mit Air Berlin durch die regnerische Nacht

Sommersprossenwand

Versahelzonend erschöpft im erbrochenen
Nichts,
Südzuckerzuckend, prüde versprudelt
Sommersprosse an der eisigen Wand.

Sonnenwendend – prostend, prustend,
therapiert.

Wo immer die Süßstoff produzierenden
Lehnsherren ihr Raumschiff geparkt haben,
Tritt ein süffisant gerecht werdender Inder an
den Tisch,
Versenkt seinen Turban im See der Zitzen
leckenden Wokkommune,
Rülpst radebrechend den ersten Satz aus dem
›Kleinen Arschloch‹:
Und verwechselt Rot mit Weiß;
Gerät in den Strudel malachisierender,
wiehernder Sechsbeiner
Und versinkt grillierend grinsend als enervierter
Eunuch
Im immerwährenden Strom antibakteriell
injizierter Daseinsinkontinenz.

Kawuff-flori-an

Sonntagsdurchtränkt
In den Winden sich verschwängert

Die siebte (oder die achte) Syphilis,
An der gebärenden Mutter verhaftet.

Seniorentellernd dröhnend setzt die demente
Drohne ihren Sturz fort, in die von Feierabend
leckenden Feuerwehrkommandanten
verdorbene Chilischotenschokolade …

Und richtet kein Unheil an.

Weihnachten im Plusquamperfekt

Halber Vorweihnachtsdialog am Telefon. Wir werden heuer zu Hause bleiben. Also alleine, das heißt zu zweit!

Die Elsa, ja – die is' in Neuseeland auf'm Auslandssemester. Die haben da ja auch ein ganz anderes Weihnachten.

Die Louise, ja – die ist ja in Paris, muss dort auf die Kinder aufpassen. Die Aupair-Eltern haben Dienst über Heiligabend. Ist bei den Franzosen ja auch nicht so wichtig.

Ja – und der Thomas hat ja nun seine eigene, kleine Familie. Mit dem Peter … und seiner kleinen Celine. Ja, er meinte, dass er mittags, kurz, nur so. Na ja, weil halt schon Weihnachten und er halt so unser Sohn. Und weil er ja weiß, dass es uns wichtig ist. Hat sich ja noch nie so viel aus Feiertagen gemacht. Der Thomas.

Und dann kam die Anne. Weihnachten in Grönland. Der Mega-Hammer. Ober-Hammer-Geil. Total Nacht. Also, die ganze Weihnacht. So geil. Nur 300 Euro. Das hätte ich ja nie ... aber er halt. Der Papa. Papa Rolle!

Ja, da werden wir heuer mal zu zweit ... Also das is' ja auch, weil wir mal geheiratet haben ... verheiratet sind ... gehatten verheiratet geheiratet.

Plusquamperfekt!

Liebes Gedicht

Da, wo es sich zu lieben lohnt,
Liebt es sich so dicht –
Im Dickicht
Einer liebenden Schicht aus dürren,
verträumten Dörrtomaten.

Wo ist das Quittengelee?

Sag, wo die Träume sich mit Reißnägeln
piercen?!

Wo Sonnenblumen ihre Körner verdorrten
Tattergreisen in faltige Hauttaschen
verübermorgen:

Der Tag salutiert den zornigen Saufkumpanen,

Ein Kaktus neigt sonnenverachtend seine
Mondlandung
Auf Felder verdienstagter – ach, was weiß ich ...!